AF260175

NOTICE

ARCHÉOLOGIQUE

SUR

LE DOLMEN DE MONTGUYON,

PAR

Camille DUTEIL.

A PARIS,

Chez P. MARTINON, rue du Coq Saint-Honoré, 4;

A BORDEAUX,

Chez LAWALLE, allées de Tourny, 20.

—

1840.

DOLMEN

DE MONTGUYON.

NOTICE

ARCHÉOLOGIQUE

SUR

LE DOLMEN DE MONTGUYON.

PAR

Camille DUTEIL.

.... et singula lætus,
Exquiritque auditque virûm monumenta priorum.
Virgil. *Æneid.* Lib. VIII.

À BORDEAUX,

DE L'IMPRIMERIE ET LITHOGRAPHIE DE A. CASTILLON,
RUE DU PETIT-CANCERA, No 15.

A

𝕸onsieur

GAUTRAIT,

*Témoignage d'amitié & de reconnaissance
de la part de l'auteur.*

DOLMEN

DE MONTGUYON.

Au nord – est et à un mille du bourg de Montguyon (1), sur un coteau d'une pente assez rapide, se trouve un monument druidique de la classe des *Dolmens* (2) composés, connu dans le pays sous la dénomination de *pierre folle*.

Ce *Dolmen* diffère de la plupart des monuments celtiques en ce que les pierres qui le composent ne sont qu'un grès ordinaire assez dur, au lieu d'être d'une nature granitique.

---

(1) Montguyon, chef-lieu de canton de l'arrondissement de Jonzac (Charente-Inférieure), se trouve à seize lieues de Bordeaux sur la route royale de Paris, 10 *bis*.

(2) Le nom de *Dolmen* adopté par la science vient du breton *Dol*, table, et *mein*, pierre (*table de pierre*).

DESCRIPTION DU DOLMEN (1).

Deux rangs parallèles de pierres plantées verticalement côté à côté, cinq au nord, quatre au midi, forment une *allée* d'un mètre de largeur sur huit de profondeur, fermée à l'ouest par une autre pierre, c'est ce qu'on appelle des *peulvens* (2). Sur les cinq *peulvens* les plus occidentaux repose une énorme pierre que nous désignerons sous le nom de *grande table du Dolmen*. Cette *table*, d'une forme à peu près carrée, a quatre mètres de longueur (est-ouest) sur trois mètres de largeur (sud–nord). Son épaisseur varie : au nord elle n'est que de quatre-vingts centimètres, tandis qu'au midi cette épaisseur se trouve être d'un mètre soixante centimètres au moins ; de là vient que, placée sur les *peulvens* vers le tiers de sa largeur, elle in-

---

(1) Voyez planche 1re et son explication.
(2) *Peulven* en breton signifie *pilier de pierre*.

chine du côté du nord, de telle sorte que sa surface supérieure, assez unie, fait avec la verticale
un angle de quarante degrés. Immédiatement
après vient une seconde *table* bien moins épaisse
que la première, et par conséquent plus basse,
d'une forme irrégulière et d'une surface extrême-
ment raboteuse ; elle est soutenue dans la partie du nord par deux *peulvens* dont un soutient
déjà la *grande table,* et au midi par l'extrémité du
premier *peulven* à gauche lorsqu'on veut pénétrer dans l'allée (1). Ce *peulven* taillé en marche-
pied sert d'escalier pour monter sur le *Dolmen ;*
il est creux, la principale ouverture de sa cavité
se trouve dans l'allée, et la seconde, placée à ciel
ouvert latéralement aux marches, semble avoir
été destinée à recueillir l'eau de pluie qui s'y conserve encore pendant les plus fortes chaleurs.
Dans la rangée des *peulvens* qui regardent le nord,

---

(1) Cette *allée couverte* ou cet *antre* est appelé par les anciens antiquaires *le trou du diable* (cunnus Dæmonis).

le premier à droite se trouve être d'un faible vo-
lume comparativement aux autres ; il ne sup-
porte rien et ne semble placé là que pour com-
pléter le nombre de douze pierres qui composent l'ensemble du monument.

A l'occident du *Dolmen* se trouvent d'autres
pierres plantées comme les *peulvens*, mais in-
clinées les unes vers les autres ; la dernière, et
la plus considérable de toutes, est à plat sur
le sol. Ces pierres sont comme une prolongation
du *Dolmen*.

En dehors de la ligne des *peulvens*, dans la
partie du nord et vis-à-vis les pierres dont nous
venons de parler se trouve une pierre plate inclinée vers elles et supportée par deux autres dont
une, celle de droite en regardant le monument,
est creuse comme le premier *peulven* à gauche.

Enfin, près de ce premier *peulven* et en dehors
du *Dolmen* on voit une autre pierre placée dans
le sens de sa largeur perpendiculairement à celle
du *peulven*.

Le sol qui entoure le *Dolmen* est pavé jusqu'à une distance de trois mètres environ. Ce pavé se compose de fragments de grès compact mêlés avec des fragments de grès rouge friable.

Quelle fut dans les mystères druidiques la destination de ce Dolmen?

HISTOIRE ET TRADITION.

César, qui aurait pu nous donner une idée exacte des monuments religieux de la Celtique, n'en parle point dans ses *Commentaires;* seulement il nous indique d'une manière assez vague les pierres druidiques de Maintenon (1); on di-

______

(1) César, *De bell. gall.* lib. vi, cap. xii, nous dit : *Ii* (Druides) *certo anni tempore in finibus Carnutum, quæ regio totius Galliæ media habetur, considunt in loco consecrato. Huc omnes undique qui controversias habent, conveniunt, eorumque judiciis decretisque parent.* La position de ce *lieu sacré,* centre de la Celtique, et situé sur les confins du pays de Chartres, a généralement embarrassé les antiquaires et les géographes, mais enfin ils se sont décidés pour *Drocum* ou *Druidum civitas* (Dreux). Je préfère fixer à Maintenon, ville située entre Chartres et Dreux, le *lieu sacré* où les

rait que de son temps les Celtes ne savaient plus à quoi servirent ces pierres mystérieuses qu'on retrouve non-seulement en Angleterre, siége principal du druidisme (1), mais encore dans tout l'Orient (2) où elles sont désignées sous le nom de *monuments cyclopéens*. Dès la plus haute antiquité les Grecs ne savaient plus ce que c'était. Homère décrit un cromlech (3) qu'il donne pour

---

Druides *tenaient* une fois par an la *main* de justice. Derrière le château de Maintenon se trouve une vaste plaine couverte de monuments druidiques (voyez Malte-Brun), qui confirme cette opinion.

(1) César, parlant des rites druidiques, nous dit : *(loc. cit.) Disciplina in Britannia reperta, atque indè in Galliam translata esse existimatur. Et nunc qui diligentiùs eam rem cognoscere volunt, plerumque illò, discendi causâ, proficiscuntur.*

(2) Le prétendu temple de Jupiter Idéen, situé sur le sommet de la colline de Kurchumlu-Tépé (ancienne Cébrenne), ainsi que les constructions primitives de Tyrinthe dans l'Argolide, ne sont autres que des monuments du culte primitif dont l'identité avec nos monuments celtiques est constatée par tous les voyageurs.

(3) *Cromlech* en breton signifie *cercle de pierres*. Au centre du *cromlech* se trouvait un *hirmensul* (pierre du soleil) ou un *feyra* (sphère druidique). En dehors du cromlech était

être la cour du cyclope Polyphème (1), et Virgile désigne un *Dolmen* comme ayant servi d'antre au terrible Cacus (2). La tradition populaire n'a pas été plus raisonnable dans le nord ; c'est toujours un pouvoir surnaturel qui a élevé les mo—

---

un antre formé de monolithes appuyés les uns sur les autres (voir *Cambden*, édit. de J. et G. Blaeu, page 178). Quant aux *feyra* ou *sphères druidiques* j'en ai retrouvé une mutilée à Saint-Ciers d'Abzac, canton de Guîtres (Gironde), où l'on reconnaît encore quelques signes du zodïaque gaulois.

(1)   .... περὶ δ᾽ αὐλὴ
    Ὑψηλὴ δέδμητο κατωρυχέεσσι λίθοισι,
    Μακρῇσίν τε πίτυσσιν, ἰδὲ δρυσὶν ὑψικόμοισιν.

(Odyss. chant ix.)

(2) *Jam primùm saxis suspensam hanc aspice rupem ;*
Disjectæ procul ut moles, desertaque montis
Stat domus, et scopuli ingentem traxére ruinam.
Hîc spelunca fuit, vasto submota recessu,
Semihominis Caci facies quam dira tenebat,
Solis inaccessam radiis ; semperque recenti
Cæde tepebat humus ; foribusque affixa superbis
Ora virûm tristi pendebant pallida tabo.

(Enéid. chant viii.)

Selon Diodore de Sicile (liv. i, chap. 9), Hercule, après avoir assommé Cacus, visita son antre, et voyant qu'il n'était propre qu'à servir de retraite aux voleurs, ce héros *le renversa* avec sa massue et ensevelit le brigand sous ses ruines.

numents celtiques. En France ils passent pour être l'ouvrage de la Vierge (1) ou de sainte Radegonde, et les anciens romanciers d'Angleterre les attribuent ordinairement à l'enchanteur Merlin (2).

Ainsi l'histoire est muette et la tradition n'est d'aucun secours pour nous aider à comprendre ces rudes monuments de l'antiquité primitive. Essayons cependant, en recueillant les lambeaux historiques qui traitent du culte des druides, si nous ne parviendrons pas à établir une hypothèse raisonnable sur le *Dolmen* de Montguyon.

---

(1) Selon la tradition populaire, le *Dolmen* de Montguyon a été élevé par la Sainte Vierge ; les pierres qui le composent viennent du ciel et ont été portées par elle dans un voile de gaze (première qualité). Les érudits du pays rejettent avec dédain cette croyance du bas peuple, ils en attribuent l'érection à Charlemagne qui, dix mille ans avant Jésus-Christ, voulant bombarder Montlieu avec sa grande couleuvrine, dressa cette gigantesque batterie.

(2) Alexandre Necham, ancien poëte anglais, en parlant de l'origine du *Stonehenge* ou CHOIR CHAUR (chœur ou danse des géants), monument druidique de la Grande Bretagne, dit :

Hoc opus adscribit Merlino garrula fama.

CONJECTURES.

Le nom de *Montguyon* donné maintenant au bourg bâti dans la vallée ne serait-il pas la traduction de celui que les Celtes donnèrent au coteau sur lequel se trouve le *Dolmen?* car le nom *Mont-guy-on* (montagne du gui nouveau) ne peut raisonnablement convenir qu'à une hauteur.

Tout le monde a entendu parler du *gui de chêne* que les druides considéraient comme une panacée universelle (1). Ce *gui* était coupé en grande cérémonie, avec une faucille d'or, le sixième jour de la lune, dans les bois religieux que respectaient les haches profanes, comme Pline nous l'apprend (2) et comme l'ont répété tous les faiseurs d'histoire de France qui remontent *ab ovo.*

---

(1) Les paysans lui attribuent encore la propriété de guérir l'épilepsie , et, selon eux , le *gui* de buisson blanc jouit de la même vertu.

(2) Plin. lib. xvi, cap. 44.

Autour de notre *Dolmen* devait se trouver un bois sacré, c'est ce qu'attesterait encore la vaste mais claire chenaie qui l'environne, si nous ne savions d'ailleurs que les monuments de ce genre étaient toujours placés au milieu des forêts consacrées au culte druidique.

Ne serait-ce pas dans le bois dont ce *Dolmen* était entouré qu'on récoltait le *gui* mystérieux qui fut jadis pour les Celtes ce que le laurier bénit est aujourd'hui pour nos paysans (1)?

L'aspect général du *Dolmen* de Montguyon nous présente d'abord deux autels bibliques dont la pierre brute n'a point été polluée par le

----

(1) Nos paysans pensent que le laurier qu'ils font bénir le dimanche des Rameaux porte bonheur à celui qui en possède ; aussi en ont-ils toujours une branche au chevet de leur lit. Ils en plantent aux quatre coins de leur champ pour le préserver de la grêle ; les Celtes croyaient que le *gui de chêne* portait bonheur à celui qui en avait dans sa maison, et en outre que l'eau dans laquelle il le faisait infuser avait la propriété de rendre féconds les animaux stériles.

fer (1); considéré avec plus d'attention, on y reconnaît un sanctuaire couvert dont l'ouverture, comme celle de tous les temples antiques, se trouve tournée à l'orient.

Les Pères de l'Eglise (2) prétendent que l'ori-

---

(1) L'autel élevé au Seigneur d'après l'ordre qu'il en avait donné lui-même (*Exod.* chap. xx, vers. 25) ne pouvait être qu'en *pierres non taillées*, car le fer les eût profanées. Moïse (*Deuteron.* chap. xxvii, vers. 5) rappelle cet ordre en recommandant aux Israélites d'élever un autel au Dieu de leurs pères sur le mont Hébal après le passage du Jourdain. Cet autel devait être recouvert de mortier sur lequel on traçait probablement les hiéroglyphes relatifs au culte. Le fer étant considéré par les Egyptiens comme le métal consacré à Typhon, on s'explique pourquoi Moïse, initié à tous leurs mystères, défendit que l'autel du Dieu bon fût poli avec l'os du mauvais principe : car Τυφῶνος δὲ τὸν σίδηρον ὀστέον οἱ Αἰγύπτιοι καλοῦσιν, nous dit Plutarque dans son traité d'Isis et d'Osiris. Le même principe religieux aurait-il fait que tous les monuments druidiques soient en pierre brute, ou bien ces monuments remontant à une époque où l'usage des métaux n'était pas connu, doivent-ils à l'ignorance primitive la brutalité de leur forme? cette question sera décidée par les fouilles du Dolmen.

(2) *Vid.* Clem. Alex. *in protreptico*, p. 29; Euseb. *præpar.* lib. 2, cap. 5; Arnob. *advers. gent.* lib. 6; Cyrill. *contra Julian.*, et Spenser, *de legib. ritual.* L. 3, c. 1. *Dissert.* 6, sect. 5.

gine des temples est due à la reconnaissance
publique qui, après avoir déifié les grands hommes, éleva une maison près de leurs tombeaux
pour que leur ombre errante y trouvât un abri,
maison qui se transforma bientôt en un temple
où l'on finit par leur offrir des parfums et des
sacrifices.

Comme on peut admettre que les monuments
druidiques remontent à l'enfance de la civilisa-
tion, notre *Dolmen* ne serait-il pas un temple
primitif? et les pierres entassées à l'occident ne
seraient-elles pas le mausolée sauvage qui re-
couvre les cendres de quelques demi-dieux? car
il dut paraître très-rationnel à l'antiquité de
déposer les restes mortels de l'homme du côté
où le soleil termine sa carrière. Dans le moyen
âge le cimetière était devant la porte de l'église,
parce que cette porte était tournée à l'occident.
Les tombes antiques, mais isolées, nous présentent toujours la tête du mort tournée à l'ouest,
et enfin il paraîtrait que de là vient la coutume

des Grecs dont parle le scoliaste de Pindare, qui consistait à se tourner vers l'orient pour adorer les *grands dieux*, et vers l'occident lors-qu'il ne s'agissait que des *héros*.

Tertullien, s'appuyant sur le témoignage de Nicander (1), nous apprend que *les Celtes passaient les nuits près des tombeaux des hommes vaillants pour en recueillir les oracles* (2). Par Celtes il est évident qu'il faut entendre les prêtres des Celtes, c'est-à-dire les druides. Notre *Dolmen* n'aurait-il pas servi d'asile au druide qui venait pendant la nuit interroger les ombres des héros? l'appellation de *pierre folle*, usitée de temps immémorial dans le pays pour désigner ce monument, ne viendrait-elle pas encore corroborer notre opinion? car ce nom de *pierre*

____

(1) Nicander était un médecin de Colophon qui, au rapport d'Athénée et de Suidas, avait écrit trois livres sur les oracles.

(2) *Celtas apud virorum fortium busta eâdem causâ (oraculorum accipiendorum) obnoctare, ut Nicander affirmat.*

(Tertull. *De animâ liber.*)

folle, généralement adopté dans les contrées où se trouvent des monuments druidiques de la même classe, ne doit pas se traduire par *monument extravagant*, comme on serait tenté de l'expliquer à la première vue d'un *Dolmen*, mais bien par *pierres des oracles*; car *fol* et *vol* en celtique signifient *oracle* et *inspiration*. La *folie* fut d'ailleurs regardée dans les temps primitifs comme un don de la divinité; les fous étaient supposés en communication avec elle et considérés comme des prophètes. Platon, dans son Timée, dit fort gravement que *nul homme dans son bon sens ne pourra jamais parvenir à être inspiré;* de là le respect des premiers peuples pour les aliénés, respect qui se conserve encore chez les Arabes du désert.

En admettant que notre *Dolmen* soit un temple consacré jadis à quelques héros divinisés de la Santonie, comment s'y prenaient les druides pour interroger leur ombre?

Ici nous avons besoin de présenter un exposé

succinct de la *psycologie druidique,* qui n'est du reste que la psycologie du culte universel et primitif, pour arriver à leur nécromancie qui, peut-être, ne paraîtra pas aussi ridicule qu'on pourrait le présumer.

PSYCOLOGIE DRUIDIQUE (1).

L'homme était un composé de trois parties selon la doctrine des druides. Le *corps* lui était

---

(1) Dans cet exposé de la psycologie druidique je m'appuie principalement sur le traité de Plutarque, *de la face qui paraît sur la lune,* à la fin duquel un interlocuteur, le philosophe Sylla, expose la croyance théologique d'un prêtre de la Grande Bretagne qu'il avait connu à Carthage. Je sais que les traducteurs et les commentateurs de Plutarque n'ont vu généralement, dans le passage dont il s'agit, qu'une opinion particulière au philosophe de Cheronée ou une fiction ingénieuse de cet historien. Malgré l'autorité imposante des traducteurs et des commentateurs, j'ose croire (mettant de côté le merveilleux) que ce passage ne peut être l'opinion arrêtée de Plutarque, présentée par lui à la fin d'un traité où il expose et discute les opinions de tous les philosophes grecs sur la matière, car elle est absurde et n'a jamais pu entrer dans l'esprit d'un homme instruit; ni même un conte original, car il n'appartient pas à un écrivain simple, mais sévère, d'em-

fourni par la terre, son *âme* lui venait de la lune,
et son *intelligence* émanait dn soleil (1). La *rai-*

---

bellir par le mensonge un ouvrage sérieux. D'ailleurs, ce qu'il y a de plus incroyable est encore rapporté par lui dans le *Traité de la cessation des Oracles,* sur la foi de Démétrius envoyé par Tibère dans la Britannie. J'admettrai donc que le récit de Sylla, transmis par Plutarque, est véritable, que le prêtre britannien dont il parle a existé, et qu'enfin ce passage, loin d'être une fiction ridicule, est au contraire un exposé précieux de la doctrine druidique, car le berceau du druidisme, comme nous l'avons déjà vu, était en Angleterre, au rapport même des Celtes. Si, de ce que cette croyance religieuse a été proclamée par Pythagore et Platon, on voulait en inférer que ce ne peut être celle des druides, je répondrais que cette psycologie reçue par les Britanniens était celle du culte primitif, conservée par les druides comme par les initiés égyptiens chez lesquels Pythagore et Platon avaient étudié, et qu'enfin il n'est pas plus étonnant de retrouver les principes religieux de la Celtique dans l'Orient que d'y retrouver des monuments druidiques sous le nom de *monuments cyclopéens.*

(1) Cette décomposition de l'homme en trois parties a été reçue par la plupart des philosophes initiés dans les mystères. Lucrèce même l'adopte, quoique son maître Epicure fût d'une opinion différente. Dans les premiers temps du christianisme elle avait encore vogue, c'est pour cela que S. Paul, dans sa première épître aux Thessaloniens, ch. v, vers. 29, leur dit : *Ipse autem Deus pacis sanctificet vos per omnia, ut integer spiritus vester, et anima, et corpus, sinè querelâ in adventu Domini nostri Jesu Christi servetur.*

son résultait de l'union de l'âme avec l'intelligence, et la *passion* était produite par l'attachement de l'*âme* pour le *corps*. Le siége de l'*intelligence* était dans le cerveau, le cœur était le réservoir de l'*âme* d'où elle se répandait dans tout le *corps* pour le vivifier, l'*âme* en un mot n'était autre chose que le sang ou du moins elle y était contenue (1). La mort consistait dans la brusque séparation du *corps* que reprenait la

---

(1) Cette croyance fut aussi celle des Egyptiens : c'est pour cela que Moïse défendit à son peuple de manger le sang des bêtes. *Hoc solùm cave, ne sanguinem comedas : sanguis enim eorum pro animâ est : et idcircò non debet animam comedere cum carnibus* (Deut. cap. xii, vers. 25). Dieu lui-même menace de sa colère quiconque mangera du sang : *quia anima carnis in sanguine est. Anima enim omnis carnis in sanguine est : undè dixi filiis Israël : Sanguinem universæ carnis non comedis, quia anima carnis in sanguine est* (Levit. cap. xvii, vers. 10, 11, et 14.). Cette opinion était celle du philosophe Critias, au rapport d'Aristote (*de animal.* lib. i, cap. 2). Mais Empédocle l'avait proclamée avant lui : *Empedocles animum esse senset cordi suffusum sanguinem* (Cicer. *Tusc. Quæst.* 1); de là cette expression de Virgile :

Purpuream vomit animam....

(*Æneid.* lib. ix.)

terre, d'avec les deux principes célestes qui entraient dans la composition de l'homme et qui toujours unis remontaient dans la lune où ils étaient lentement séparés; l'*intelligence*, après cette seconde mort, retournait au soleil qui l'avait fournie. L'*âme* retenue dans la lune y était punie ou récompensée selon qu'elle avait obéi sur la terre aux conseils de l'*intelligence* ou cédé aux exigences du *corps* (1). Mais après un certain temps elle était renvoyée sur notre globe pour y animer le *corps* d'un homme si la lune lui avait adjoint une *intelligence*, ou seulement

---

(1) C'était dans la lune que se trouvaient le Tartare et l'Elysée; la face qu'elle nous présente est précisément la partie infernale qu'il fallait traverser pour arriver à celle qui regarde le ciel, séjour des âmes heureuses. La lune, qui recevait les âmes et qui les renvoyait à la terre, était appelée *prenante* et *donnante* par les Egyptiens; mais dans leur langue Ἀμένθη n'avait pas cette signification, comme le prétend Plutarque dans son traité d'Isis et d'Osiris. Le nom d'*Amenth* qu'ils donnaient à la lune signifie *celle qui garde les âmes*, racines אם (AM), *âme*, et הנת (ENTH), *conserver*; par extension הנת signifie *embaumer*.

le *corps* d'un être subalterne si elle en était privée, et dans la croyance des druides la femme
elle--même était mise au rang des animaux. Tel
est le principe sur lequel repose la métempsycose,
dogme fondamental des druides (1) et des prêtres égyptiens. On s'explique ainsi pourquoi les
femmes en couche invoquaient à grands cris *la
chaste Lucine*, car les douleurs de l'enfantement
n'étaient produites que par l'impatience de la
terre qui, après avoir formé le corps de l'enfant
dans le sein de sa mère, le pressait d'en sortir, ce
qui néanmoins ne pouvait avoir lieu qu'au moment où la lune lui envoyait l'animation. Les
hommes qui voulaient avoir des garçons invoquaient de leur côté le soleil qui donne l'*intelligence*. Le nom du soleil chez les Celtes était
god-ard, le Dieu fort, Hercule. De là vient la

---

(1) *Inprimis hoc volunt (druides) persuadere, non interire
animas, sed ab aliis post mortem transire ad alios.*

(Cæs. *De bell. gall.* Lib. vi, cap. 13.)

coutume d'appeler encore aujourd'hui un *godard* le mari dont la femme est en couche.

Cette psycologie explique surtout les *sacrifices humains*. César nous dit que *les Celtes croyaient que la vie d'un homme ne pouvait être rachetée que par la vie d'un autre homme et qu'on parvenait seulement ainsi à fléchir la puissance des dieux immortels* (1). En effet, lorsqu'une maladie, avant-coureur de la mort, venait prévenir un Celte que la terre redemandait son *corps*, la lune son *âme*, et le soleil son *intelligence*, le moyen le plus simple pour apaiser la trinité druidique devait être de lui envoyer en compensation le *corps*, l'*âme*, et l'*intelligence* d'un autre. L'homme étant le seul être doué d'*intelligence*, on conçoit que le sacrifice d'un animal quelconque et même d'une femme n'aurait pu

---

(1) *Pro vitâ hominis nisi vita hominis reddatur, non posse aliter deorum immortalium numen placari arbitrantur.*

             (*Cæs. De bell. gall.* Lib. vi, cap. 5.)

contenter que la terre et la lune, car le soleil n'y eût pas trouvé son compte. Les victimes qu'on offrait dans cette circonstance n'étaient du reste que des criminels condamnés à mort par les tribunaux druidiques. Des hécatombes de scélérats étaient sacrifiées, d'après le même principe, pour la santé générale en temps d'épidémie, ou pour le salut de l'armée au moment d'une guerre. Mais lorsque ces victimes venaient à manquer, alors on immolait des innocents qu'on choisissait parmi les vieillards, comme nous l'apprend saint Augustin; car il paraissait juste d'envoyer devant ceux qui devaient naturellement partir les premiers.

Il ne faut pas croire cependant qu'après la mort, l'*âme* unie à l'*intelligence* remontât immédiatement dans la lune, ce privilége n'était donné qu'à celle qui avait mené une vie contemplative sur la terre; les autres, chargées de parties terrestres qu'elles avaient contractées pendant leur union avec le corps, n'étaient pas encore assez légères pour s'élever jusque dans la *céleste patrie;* aussi erraient-elles dans les airs pour y être purifiées par l'eau du ciel et le feu du tonnerre. C'était là le purgatoire des druides.

Les *âmes* pures qui, munies d'*intelligence*, avaient plusieurs fois animé des corps mortels, et qui surtout avaient résisté aux épreuves de la vie terrestre, finissaient par être affranchies de ces mêmes épreuves, elles étaient transformées en *génies* ou *demi-dieux;* leur domicile politique était dans la lune d'où elles descendaient sur la terre pour avoir soin des oracles, présider aux mystères, punir les méchants, et protéger les bons; et si parfois, oubliant leurs saintes fonctions, elles se laissaient aller à l'arbitraire, alors elles étaient précipitées dans un corps humain et les épreuves recommençaient pour elles.

C'étaient ces *âmes* divinisées, ces *génies* chargés de l'intendance des oracles, que les Celtes venaient consulter près de leur dépouille mortelle pour laquelle il est probable qu'on leur supposait toujours quelque affection. Mais comment s'y prenaient les druides pour les interroger? Ici nous allons encore nous jeter dans l'hypothèse; car, lorsqu'il s'agit de pénétrer les mystères de la haute antiquité, le raisonnement seul ne peut mener qu'à des conjectures.

NÉCROMANCIE DRUIDIQUE:

Les érudits distinguent deux espèces de *nécromancies*, celle qui consiste à faire voir l'ombre d'un mort aux gens bien éveillés et celle qui se borne à mettre en communication les trépassés avec ceux qui sommeillent (1). La première n'est que le fruit de l'imagination poétique qui, depuis Homère jusqu'à M. de Châteaubriant, n'a pu être pratiquée que dans les romans où le merveilleux est admis pourvu qu'il intéresse; la seconde au contraire remonte au culte primitif et en fait

---

(1) Delrio, *lib.* iv, et Mémoires de l'académie des belles-lettres, tome vii.

partie. Achille, qui ne croyait pas aux revenants, fut convaincu de leur existence après avoir vu *en dormant* l'ombre plaintive du malheureux Patrocle (1). Plutarque, dans le banquet des sept Sages, fait dire à Dioclès que les songes sont l'espèce de divination la plus ancienne; ainsi converser avec les morts pendant le sommeil c'était, selon la croyance primitive, avoir eu commerce avec les mânes; on supposait que les âmes planaient sur la tête du songeur, telle est du moins la cause attribuée au vagabondage de l'imagination chez l'homme dans un état considéré comme étant une mort passagère. On voit par là que l'apparition des spectres n'est pas si rare qu'on pourrait le présumer; et d'ailleurs ils ne pouvaient

---

(1)   Ὦ πόποι, ἦ ῥά τίς ἐστι καί εἰν Ἀΐδαο δόμοισι
Ψυχὴ καὶ εἴδωλον· ἀτὰρ φρένες οὐκ ἔνι πάμπαν.
Παννυχίν γάρ μοι Πατροκλῆος δειλοῖο
Ψυχὴ εφεστήκει γοόωσά τε, μυρομένη τε,
Καὶ μοι ἕκαστ᾽ ἐπέτελλεν· εἴκτο δέ θέσκελον αὐτῷ.

(*Iliad.* ch. XXIII.)

être vus qu'en rêve fondé sur ce principe que les yeux du corps distinguent seulement les corps et que les yeux de l'esprit peuvent seuls apercevoir les âmes. Ainsi donc *nécroman* et *interprète des songes* sont et doivent être synonymes (1). Tout le monde sait comment on obtenait des oracles dans l'antre célèbre de Trophonius (2); mais lorsqu'il s'agissait de consulter tel ou tel mort il y avait des précautions à prendre pour évoquer son ombre.

Comme il était raisonnable de penser que les âmes se nourrissaient d'une substance de même

____

(1) C'est ainsi que les plus doctes rabbins considèrent comme gens du même métier les *magiciens* חרטמים qui ne purent comprendre le songe du Pharaon que Joseph expliqua (Genèse XLI. 8) et les *songeurs* עננים de Jérémie (xxvII. 9) avec *les explorateurs de tombeaux* דורש אל המתים (*quœrens super mortuo* dont parle Isaïe (XLVII. 9. 12). Le savant Abarbanele (*in Torah Parasch.* שופטים, fol. édit. Cl. *Bashus* 297. col. 4.) explique ainsi cette expression de l'Ecriture מעלה מתים : *qui sepulcris insistunt et cœmeteria noctu pervagantur, ut in somno mortuos loquentes audiant.*

(2) Plutarque, *Traité du démon de Socrate.*

nature qu'elle , et l'âme n'étant autre chose que du sang ou de la vapeur de sang , on conçoit que le meilleur moyen pour attirer les mânes devait consister à leur présenter la nourriture dont elles étaient avides (1). Profitant en outre de l'attachement qu'on supposait aux morts pour leurs cendres, on plaçait l'appât sur leurs tombes, puis il ne s'agissait plus que de s'endormir auprès, couché sur les dépouilles des victimes, comme le prêtre de Faune dans le bois sacré d'Albunée (2), pour entendre, comme lui, les colloques mystérieux des fantômes et pour pénétrer les secrets de l'enfer.

---

(1) Voir Homère , *Odyssée*, ch. x et xi, et *Silius Italicus*, lib. xii.

(2) .... *Huc dona sacerdos*
Cùm tulit , et Cæsarum ovium sub nocte silenti
Pellibus incubuit stratis , somnosque petivit ;
Multa modis simulacra videt volantia miris ,
Et varias audit voces , fruiturque Deorum
Colloquio , atque imis Acheronta affatur Avernis.

(Virg. *Æneid.* Lib. vii.)

Cette nécromancie qui remonte aux temps les plus reculés semble avoir été pratiquée dans le moyen âge pour obtenir les prédictions des Saints dans les églises où ils étaient enterrés ; de là cette locution proverbiale : *Il n'a pas couché dans l'église*, pour dire, *c'est un homme peu avisé, peu prévoyant,* qualités supposées à ceux qui dans leurs rêves acquéraient la connaissance de l'avenir par l'entremise des morts.

La *nécromancie* druidique étant, selon toute probabilité, la même que la *nécromancie* ordinaire, nous pouvons raisonnablement supposer que l'espèce de sanctuaire formé par notre *Dolmen* a dû servir de retraite au druide qui venait pendant la nuit recueillir dans un vague sommeil les oracles des vaillants, après avoir répandu du sang sur leurs tombes. Et comme le sang, nourriture des *âmes,* suffisait pour les attirer (*l'intelligence* n'était ici pour rien), on conçoit que le sang d'un bélier ou d'un taureau, dont le corps eût servi de nourriture aux héros pen dant leur vie mortelle, devait être celui qu'on supposait le plus efficace pour attirer leur ombre. Dans les mystères de la *nécromancie* il ne devait pas être question de sacrifice humain; il n'y avait que les *âmes* des méchants, errantes entre la lune et la terre, qui eussent quelque goût pour le sang de l'homme; de là l'origine des *vampires*, mais pour les bons génies un pareil sang leur eût fait horreur.

SUITE DES CONJECTURES.

En admettant toujours que les choses fussent et se passassent ainsi : où sacrifiait-on la victime? La *grande table* du *Dolmen* semblerait d'abord mériter la préférence : mais si nous faisons attention que cette *table* est très-inclinée vers le nord, et que la pente tendrait plutôt vers l'èst que vers l'ouest, le sang n'était d'ailleurs destiné qu'à arroser les cendres des héros que nous supposons à l'occident; il s'ensuivrait qu'il eût été indispensable de le recueillir (chose assez difficile) pour le verser ensuite sur les tombes. La pierre supportée par deux espèces de *peulvens* en dehors du *Dolmen* et vis-à-vis les tombes vers lesquelles elle est inclinée ne serait-elle pas plutôt la *pierre des sacrifices?* Si cela est, il n'eût plus été question alors de recueillir le sang pour le répandre ensuite sur les tombeaux; une simple rigole aurait suffi pour l'y conduire. Remarquons que l'un des piliers qui soutiennent cette pierre est creux, et que cette cavité pourrait bien avoir été destinée à contenir les instruments des sacrificateurs.

Quant au premier *peulven* à gauche en pénétrant sous le *Dolmen*, celui-là même qui conserve l'eau de pluie pendant les plus fortes chaleurs, ne serait-il pas un *bénitier druidique* destiné à recueillir *l'eau du ciel* avec laquelle le druide se purifiait lorsqu'il voulait pénétrer dans le sanctuaire pour interroger les ombres des héros? Dans cette *eau du ciel* n'aurait-on pas fait infuser le *gui* sacré qui avait, selon les druides, la propriété de *tout guérir*, comme l'indiquait son nom dans la langue celtique (1)? Alors ce *gui*, communiquant sa vertu à l'eau, expliquerait la croyance des anciens paysans anglais qui supposaient à celle contenue dans les *peulvens* creux du *Stonehenge* cette propriété curative (2).

Enfin, la *grande table* inclinée de telle sorte qu'il est assez difficile de s'y tenir debout, ne serait-elle pas le *tribunal* sur lequel siégeaient les druides qui rendaient justice à la face du ciel et près de la cendre des grands hommes? car les druides qui avaient l'intendance des sacrifices avaient aussi l'administration de la justice, et les bons *génies* qui présidaient aux mystères avaient aussi la mission de protéger les bons et de punir les méchants. Et, puisque nous sommes en

____

(1) Plin. lib. xvi, cap. 44.

(2)   *Nam virtus lapidi cuilibet ampla satis,*
          Nam respersus aquis magnam transfundit in illa
              Vim, qucis curari sæpius æger eget.

          (Descrip. du choir chaur par A. Necham.)

train de tout expliquer, la *petite table* ne serait-elle pas la *tribune* aux harangues, et la pierre placée perpendiculairement dans le sens de sa largeur au premier *peulven* à gauche, qui sert d'escalier pour monter sur le *Dolmen*, ne serait-elle pas le *poste* du héraut chargé de maintenir l'ordre dans l'assemblée, et surtout de régler à la *tribune* la succession des orateurs selon leur âge ou leur puissance ?

Telle était notre opinion très-hasardée sur le *Dolmen* de Montguyon, opinion que nous nous serions bien gardé de soumettre à l'appréciation d'une critique sévère, si elle n'avait été confirmée, du moins en partie, par nos fouilles.

FOUILLES.

Selon notre hypothèse, le *Dolmen* avait échappé à l'avide curiosité des antiquaires, car les tombes étaient intactes, tous les amateurs s'étant bornés à gratter dans le sanctuaire où ils n'ont rien trouvé. Plus heureusement inspiré que nos

confrères, nous crûmes devoir commencer d'a-
bord par inspecter le *peulven* creux, autrement
dit *le bénitier druidique;* et plongeant bravement
notre bras dans son eau croupie, nous retirâmes
du fond de ce *bénitier* des pointes de flèches et
de javelots en serpentine que les paysans ap-
pellent généralement *pierres du tonnerre,* et
que la science a reconnu n'être, comme les
haches et les poignards de silex, autre chose
que les armes primitives de nos pères, à une
époque où l'usage des métaux était encore inconnu dans la Celtique; armes qui d'ailleurs ont
une identité parfaite avec celles des peuplades
sauvages que nous rapportent les voyageurs qui
explorent les îles de l'Océan pacifique. Ces
pointes de flèches et de javelots n'avaient point
été mises sans intention dans le *peulven lustral :*
sans doute que l'eau miraculeuse du *gui* était
supposée communiquer à ces pointes meur-
trières une vertu qu'il serait assez difficile de
spécifier maintenant ; mais enfin le fait positif

qui ressort de là, c'est que, dès la plus haute antiquité, on avait l'usage de bénir les armes, à moins qu'on ne préfère voir dans ces pointes de flèches et de javelots des armes victorieuses, consacrées par des guerriers aux génies bienfaisants du *Dolmen.*

Cette découverte nous fixa dès lors sur le résultat probable des fouilles projetées. Ce n'était plus le *veau d'or* (1) que la croyance populaire supposait enterré sous la *pierre folle,* que nous devions raisonnablement chercher, ni la *faucille* d'or semblable au *celt* d'airain retrouvé près du *Stonehenge* (2), ni ces *bracelets* et ces *colliers* de métal que la plus haute antiquité nous représente comme étant les ornements distinctifs des

---

(1) Il n'est pas de butte ou de *tumulus* dans la contrée qui ne possède son *veau d'or;* beaucoup de gens y croient et quelques niais le cherchent.

(2) Ce *celt* d'airain, ou faucille avec laquelle on présume que les druides coupaient le *gui sacré,* se voit au musée d'Oxfort.

Celtes, ni même enfin ces *coins* évidés de bronze si communs dans les tombes gauloises (1). A l'époque où remonte ce monument, l'usage des métaux était encore inconnu dans la Celtique; ce n'étaient donc que des armes primitives en silex ou en serpentine qui seules pouvaient se retrouver mêlées avec les ossements héroïques de quelques demi-dieux inconnus (2).

Nos prévisions furent réalisées :

On commença les fouilles dans l'espace triangulaire formé par les pierres tombales les plus rapprochées du *Dolmen*. A peine eut-on enlevé deux décimètres d'une terre noire qu'on pourrait assimiler à la terre cadavéreuse des vieux cimetières, que le pavage de grès qui entoure le monument, et qui se prolonge entre les pierres des tombeaux, fut mis à découvert. Entre ce

---

(1) La science n'est pas encore parvenue à déterminer d'une manière probable l'usage de ces *coins* sur lesquels nous reviendrons.

(2) La question de savoir pourquoi les monuments druidiques sont en pierre brute est décidée maintenant.

pavé de pierres dures et un autre pavé en pierres calcaires, assemblées avec un mauvais mortier, se trouvait un lit de terre moins noire que celle de la superficie et ayant un mètre d'épaisseur environ. Dans ce lit étaient jetés pêle-mêle des ossements humains concassés, des pointes de flèches et de javelots en serpentine, des fragments de poterie, et des scories volcaniques. Au fond, et reposant sur le pavé calcaire, se trouvèrent une lame de couteau intacte en ophite, une défense de sanglier, une hache en silex blanc qu'on rencontre si communément dans le Périgord (1), et enfin un marteau, ou ce que nous supposons avoir été un marteau, en verre de volcan. Poursuivant nos recherches sous les pierres tumulaires, nous trouvâmes encore, et

---

(1) Les paysans considèrent comme d'un fort mauvais augure la rencontre de ces haches ; ils les enterrent ou les jettent dans les fossés ou dans la rivière, et pensent que ce sont les dents du diable. Les Grecs les prirent sans doute pour des dents de cyclopes anthropophages ; de là, la croyance que les monuments druidiques servirent de retraite aux géants.

toujours près du pavé calcaire, une seconde hache assez rare et très-bien conservée en schiste
noir très-dur ; puis, reprenant les fouilles un peu
plus loin pour venir rejoindre la première excavation, on rencontra immédiatement sous le pavé
de grès qui se trouvait ici à fleur du sol, une
hache, ou pour mieux dire une moitié de hache
en schiste verdâtre, et toujours des ossements brisés, mêlés avec des scories volcaniques, ainsi que des pointes de flèches et de
javelots avariées, lorsqu'enfin, sous la voûte for-
mée par deux pierres tombales qui s'appuient
l'une l'autre, on découvrit sur une brique circulaire, dans une petite excavation pratiquée à dessein, une urnule en terre rouge à demi cuite,
mais d'une forme gracieuse. Elle contenait l'os
calciné d'un doigt. Sous la dernière pierre sé-
pulcrale qui est à plat sur le sol on ne trouva
que des pointes de flèches d'une parfaite conser-
vation, mais d'une forme différente à celles trouvées avec les ossements.

Sous la pierre dite *des sacrifices*, qui est en dehors de la ligne des *peulvens*, au nord des tombeaux, et vis-à-vis l'espace quasi-triangulaire où nous commençâmes les fouilles, on ne trouva absolument rien après le pavé de grès, ce qui confirma que cette pierre ne pouvait pas être une tombe, et vint expliquer en même temps la nature de la terre noire de deux décimètres d'épaisseur que nous avions trouvés au-dessus du premier pavé dans l'espace triangulaire, cette terre n'étant que le produit du sang des victimes qui coulait naturellement de la pierre *des sacrifices* vers les tombeaux dans ce même endroit. Mais en dehors des tombeaux dans la partie du sud on découvrit sous le premier pavé des ossements calcinés et même carbonisés. Ces ossements appartenaient tant à l'espèce hominale qu'à la race canine. Aucunes armes et aucuns débris de poterie ni même de scories volcaniques n'étaient mêlés avec ces ossements; au-dessous desquels on ne retrouva pas de pavé calcaire : ce

qui nous donne à penser que dans les siècles primitifs, les Gaulois, qui sacrifiaient aux morts les
êtres qui leur avaient été chers pendant leur vie,
avaient soin néanmoins de ne pas confondre les
ossements du maître avec ceux des esclaves et des
chiens qu'on envoyait pour le servir ou le garder
dans l'autre monde ; absolument comme les demi-
sauvages d'Afrique du royaume de Loango, qui
massacrent des esclaves aux funérailles de leurs
rois, et déposent ensuite les restes des victimes
dans un caveau voisin de celui où est enseveli le
monarque.

Quant à la différence des ossements trouvés
dans les tombeaux qui ne présentent aucune trace
de combustion, et parmi lesquels les fausses côtes
qui eussent été facilement consumées se retrou-
vaient tout entières, comparés à ceux qu'on ne
retrouvait que carbonisés en dehors du *Dolmen*,
nous penserions, jugeant par analogie, que les
Celtes agissaient comme les Tartares Tunguses,
qui exposent pendant un an les cadavres de leurs

rois et de leurs saints pour ne les enterrer que réduits à l'état de squelettes : car les chairs des hommes illustres ne doivent pas être, selon eux, la pâture des vers, mais bien celle des habitants du ciel, c'est-à-dire des oiseaux de proie. Le même motif religieux n'aurait-il pas guidé les Celtes lorsqu'il s'agissait d'enterrer leurs héros, tandis que les esclaves sacrifiés étaient brûlés sans cérémonie ?

Les pointes de flèches et de javelots trouvées avec les ossements sont généralement cassées ou pour le moins émoussées, les seules retrouvées intactes étaient déposées, ainsi que le couteau et les deux haches bien conservées, sur le pavé calcaire; pour ce qui est de poteries et de la hache trouvées à la superficie, elles paraissaient aussi avoir été brisées à dessein (1). Ces précautions n'auraient-elles pas été prises pour que ces

---

(1) On trouve souvent des haches en silex brisées, mais jamais ou n'en trouve de raccommodées.

armes et ces poteries, devenues inservables, ne tentassent pas la cupidité de quelques philosophes du temps qui, pour se les approprier, n'auraient peut-être pas hésité à profaner les tombeaux ? Du reste, cette précaution est prise par les Africains de Loango, dont nous avons déjà parlé ; ils enterrent avec le mort les habits, les armes, et les divers ustensiles qui lui servirent pendant sa vie ; mais, de peur qu'on ne les enlève, ils ont soin de les déchirer ou de les briser avant de les déposer dans la terre.

Quant à l'urnule qui, dans les tombes, contenait le seul os calciné que nous avons reconnu pour être celui d'un doigt, elle était trop bien cachée pour que des fouilles furtives eussent pu la mettre à découvert. L'os calciné d'un doigt contenu dans cette urne ne serait-il pas celui de l'annulaire qui, dans les *mains votives*, est le symbole de la *vie* (1) ? et n'aurait-il pas été brûlé

____

(1) Sur les *mains votives* on voit ordinairement ramper vers

seul dans les funérailles des héros divinisés pour
suivre en partie la coutume ordinaire qui consistait à brûler les corps (1) ?

Les scories volcaniques trouvées avec les ossements des héros nous semblent avoir été pla-
cées là comme symbole de *résurrection*. Les
druides comme toute l'antiquité étaient persua-
dés que le monde devait être renouvelé par le feu
et que les justes alors renaîtraient immortels. Ce
feu destructeur et purificateur devait être vomi
par les volcans dont la mythologie a fait ses Ti-

---

l'annulaire le *basilic* (serpent à tête de coq), symbole de la
vie. Les Egyptiens pensaient qu'un nerf vital, correspondant
au cœur, aboutissait à ce doigt : aussi était-ce à ce doigt que
les initiées mettaient la bague sacrée, et la femme mariée,
devant être sainte et sacrée pour les hommes, portait, en
Egypte comme chez nous, la bague nuptiale à l'annulaire de
la main gauche.

(1) *Funera sunt pro cultu Gallorum magnifica, et sump-
tuosa, omniaque, quæ vivis cordi fuisse arbitrantur, in ignem
inferunt, etiam animalia, ac paulò supra hanc memoriam,
servi et clientes, quos ab iis dilectos esse constabat, justis fu-
neribus confectis, unà cremabantur.*

(Cæs. *De bell. gall.* L. VI, cap. 18.)

tans (1), enfants du ciel et de la terre. Les volcans éteints du Fouillou (2), et dont les scories servent à ferrer une partie de la route royale de Montguyon à Chevanceau, étaient-ils encore en éruption au temps où vivaient les héros du *Dolmen?* dans le cas contraire il faut supposer aux sauvages de la Celtique des connaissances plus étendues en minéralogie qu'on ne serait en droit

---

(1) *Ti-tan* en breton signifierait *maison de feu* (La Tour d'Auvergne, *Origin. gaul.*, page 174), dénomination qui conviendrait parfaitement aux volcans. Les Titans, foudroyés par Jupiter, étaient toujours supposés enterrés vivants sous les montagnes volcaniques, et les éruptions des volcans, ainsi que les tremblements de terre qui les accompagnent, paraissaient à l'antiquité provenir des efforts faits par les Titans pour se dégager du fardeau sous lequel ils étaient accablés. La fable de Jupiter foudroyant les Titans ne viendrait-elle pas de ce que les nuages chargés d'électricité, qui se condensent toujours sur les volcans en éruption, foudroient effectivement son cratère? (Voy. la lettre de Pline le jeune à Tacite, et Bertholon, *de l'électricité et des météores*, tome 1, page 324). D'ailleurs la manière dont les Titans combattirent Jupiter est absolument celle des volcans en éruption qui lancent aussi des pierres contre le ciel.

(2) Commune près de Montguyon.

d'en attribuer aujourd'hui aux habitants de Montguyon, qui prennent pour du *mâchefer* ces mêmes scories (1).

Nous avons soigneusement recueilli tout ce
qui nous paraissait devoir être de quelque prix
pour la science, et nous allons ici faire valoir du
mieux qu'il nous sera possible nos trésors ar-
chéologiques.

OSSEMENTS.

Par la quantité d'ossements contenus dans les
tombes il paraîtrait qu'on y avait seulement enterré trois héros, nombre correspondant à celui
des haches retrouvées avec ces mêmes ossements. Un *tibia* rajusté nous a convaincu que
nos grands hommes n'étaient pas des géants, leur

---

(1) Ces scories sont une lave grossière, inégale, et raboteuse, qui ressemblent beaucoup aux scories de forges ou
écumes de fer ; on en trouve des masses énormes sur les flancs
du Vésuve.

taille pouvait être, tout au plus, d'un mètre quatre-vingts centimètres, et d'ailleurs la grosseur de *ce tibia* ne diffère en rien de la grosseur des *tibias* ordinaires; mais il n'en est pas de même pour les crânes : l'occiput d'un héros primitif se trouve avoir douze millimètres d'épaisseur, un coup de hache ou casse-tête ne devait pas être capable de le fendre. A quoi peut-on attribuer cette épaisseur du crâne chez les Gaulois des premiers âges? Hérodote attribue l'épaisseur du crâne des Egyptiens à la coutume où ils étaient de se faire raser la tête dès leur enfance, et surtout à celle de la laisser exposée à l'air et à la chaleur. Nos Celtes n'ont jamais eu pour habitude de se raser la tête; une grande chevelure était au contraire chez eux un signe de distinction, et de nos jours, les paysans qui exposent leur tête nue aux ardeurs du soleil et à l'intempérie des saisons n'ont point le crâne très-dur, ce qui serait, si la raison donnée par Hérodote était plausible, la même cause produi-

sant les mêmes effets dans des circonstances sem-
blables. De tout cela on nous permettra d'en con-
clure que, pour les Celtes comme pour les Egyptiens, l'épaisseur du crâne est le type d'une race
primitive. En rassemblant tous les ossements qui
appartiennent à la tête, nous avons cherché à
recomposer une tête tout entière (planche iii,
fig. 1), sans prétendre néanmoins ne pas nous être
trompé en nous servant pour cette recomposi-
tion du frontal d'un demi-dieu, et de la mâchoire d'un autre. De cette tête rétablie il résulte
que les Celtes avaient le front bas, mais large,
l'angle facial est droit et le menton très-prononcé,
car les dents de la mâchoire inférieure étaient
en avant de celle de la mâchoire supérieure, fait
qui s'est trouvé constant pour tous les fragments
de mâchoires où les dents très-bien conservées
se trouvaient (il s'agit des incisives) usées en
dessous lorsqu'elles appartenaient à la mâchoire
inférieure et en dessus lorsqu'elles faisaient partie de la mâchoire supérieure. En habillant avec

des chairs cette tête de mort, suivant le principe anatomique, nous avons cherché à ressusciter le type gaulois (planche III, fig. 2), et nous pensons avoir réussi, quoique nous sachions très-bien qu'on ne doit pas juger du type facial d'un peuple par celui d'un individu; mais notre présomption est justifiée, dans cette circonstance, par les peintures contemporaines de nos héros à Biban-el-Molouk (salle dorée des rois de Thèbes) où les Celtes représentés sur les tombeaux des Rhamsès ont un type facial qui concorde parfaitement avec celui donné par les ossements du *Dolmen*. Les Celtes (planche III, fig. 3) sont reconnaissables sur les tombeaux égyptiens 1° à la *carnation* qui est rose au lieu d'être rouge-brun comme celle des Egyptiens; 2° au *tatouage* qu'on retrouve en honneur chez tous les peuples sauvages, et que les Britanniens considéraient comme une marque de distinction du temps de César ; 3° aux *plumes de coq* qui, le plus ordinairement, composent leur parure de tête ; 4° à leur *chevelure* et à leur *barbe blonde* ou *rousse* ; 5° aux *cirri* ou *cheveux en papillotes* tombant sur les joues (1), mode que conservent encore les fashionnables campagnards ; 6° enfin à la *peau d'urochs* ou bœuf sauvage qui leur sert de manteau. On voit par là que la figure des Celtes diffère complétement de la figure de nos Bretons que les savants semblent s'accorder à reconnaître comme type facial des anciens Gaulois.

ARMES.

Les pointes de flèches que nous avons trouvées au *Dolmen* appartiennent évidemment à trois époques différentes : celles que nous avons trouvées avec les ossements ont quatre centimètres de longueur, leur forme est celle d'une

---

(1) Cette mode de porter deux papillotes qui descendaient sur les joues était commune aux Gaulois et aux Germains. Rhénanus, dans son Commentaire sur Tertullien, *de virginibus velandis*, pense que : *Cirri sic dicti, quod quasi in circum torti.* Les auteurs grecs donnent aux papillotes gauloises le nom de Κρώβυλοι.

feuille de saule (planche ii, fig. 1); les pointes de flèches trouvées seules sous la dernière pierre des tombeaux ont la forme d'un triangle qui aurait quinze millimètres de base sur vingt-huit de hauteur (planche ii, fig. 2); enfin celles que nous avions d'abord trouvées dans le *peulven lustral* sont en langue d'aspic (planche ii, fig. 3); pour ce qui est des pointes de javelots ou *cateiæ* selon Isidore, leur forme est constante : une face plane, l'autre fortifiée par une arête, et deux coches pour les fixer solidement à la hampe, telles sont les lances antiques des Gaulois qui ont ordinairement quinze centimètres de longueur (planche ii, fig. 4 et 5). Toutes ces pointes de flèches et de javelots, ainsi que le couteau trouvé avec elles dans les tombeaux (planche ii, fig. 6 et 7), sont, comme nous l'avons déjà dit, en serpentine ou ophite (1);

---

(1) Le nom de *serpentin* ou *ophite* est donné à une sorte de

nous n'en avons point trouvé en silex ou *caillou corné*, vulgairement appelé *pierre à fusil* (1).

Pour ce qui est des haches ou casse-tête, la première, en silex blanc, a douze centimètres de longueur sur quatre de largeur près du tranchant, elle se termine en pointe (planche ii, fig. 8). La seconde, en schiste noir, se trouve avoir une longueur de dix-sept centimètres sur trois centimètres six millimètres dans sa plus grande largeur, et se termine en pointe comme la première (planche ii, fig. 9). Enfin la troisième, en schiste verdâtre, dont la restauration est indiquée au trait (planche ii, fig. 10), a, dans l'état actuel, quatorze centimètres de longueur sur six

porphyre tacheté comme la peau des serpents : sa pâte se compose de quartz, de feld-spath, et de schorl.

(1) J'ai retrouvé aux Houlliers, commune de Coutras, en faisant creuser une fontaine, des lances en pierre à fusil avec du *Plésiosorus* fossile, le tout à quatre mètres de profondeur dans un sable jaunâtre et argileux. Ces lances ont absolument la même forme que celles trouvées à Montguyon, si ce n'est qu'elles sont un peu plus larges. Ces armes doivent avoir appartenu aux Celtes antédiluviens.

de largeur. Comment étaient-elles emmanchées ? Si, jugeant par analogie avec la méthode employée par les sauvages dont les haches de pierre ont absolument la même forme et les mêmes dimensions que nos haches celtiques, il ne peut y avoir de doute, elles étaient fixées par le milieu à l'extrémité d'un bâton fendu et attachées avec des nerfs croisés et solidement noués (planche III, fig. 4); mais si nous interrogeons les peintures de Biban-el-Molouk, qui représentent des Celtes, il paraîtrait que ces haches (il s'agit des deux premières qui se terminent en pointe) auraient été engagées à l'extrémité recourbée d'une massue assez semblable aux casse-têtes des Canadiens (planche III, fig. 5). Cette massue est représentée entre les mains du Celte (planche III, fig. 3) : la manière d'emmancher les haches de pierre selon les peintures de Biban-el-Molouk serait confirmée par la manière dont pouvaient seulement être emmanchés les *coins gaulois* (planche III, fig. 6 et 7), que nous considérons comme des haches de bronze qui ont succédé aux haches de pierre ; nous indiquons (planche III, fig. 8 et 9) le seul moyen raisonnable de les emmancher pour s'en servir comme hache ou casse-tête, à moins qu'on ne préfère voir dans ces *coins*, comme certain antiquaire, une petite bêche semblable à celle dont nos cultivateurs arment le talon de leur aiguillon pour dégager le soc des terres qui s'y attachent en labourant ; ce qui ferait supposer que l'agriculture fut jadis un grand honneur dans les forêts de la Celtique. Quant à la troisième hache que nous supposons avoir été à deux tranchants comme d'autres haches entières de même forme qu'on retrouve communément dans les cabinets d'antiquité périgourdine, elle n'a pu être emmanchée différemment qu'à la manière des sauvages, qui est la plus simple et par conséquent la plus ancienne.

POTERIES.

Il nous a été impossible, avec la meilleure vo-
lonté du monde, de reconstruire une urne toutentière avec les débris de poterie trouvés dans les
tombes du *Dolmen*. Nous donnons seulement
(planche ii, fig. 14) deux fragments d'une urne de
treize centimètres de hauteur dont la restauration
présumée est indiquée au simple trait. Ces débris
d'urnes diffèrent tellement entre eux pour ce qui
est de leur pâte et de leur cuite, qu'on croirait ne
pas devoir les attribuer à une même époque si
toutes ne s'étaient également trouvées avec les
ossements. Les fragments de celle dont nous donnons le dessin sont d'une terre rouge, assez fine,
bien manipulée et bien cuite, tandis que les autres
débris d'urne avec ou sans ances ne sont pour la
plupart qu'en terre commune rouge ou grise, et
simplement séchés au soleil, tous indiquent des
vases d'une extrême simplicité; parmi eux cependant il s'est trouvé un morceau de patère (plan-

che ɪɪ, fig. 15) d'une terre noire très-fine, ornée de trois filets entre lesquels on pourrait reconnaître à toute force des caractères runiques en se prêtant à l'illusion. La brique circulaire qui était sous l'urnule se trouve d'une pâte si grossière qu'on y voit encore du gravier, mais cependant elle est parfaitement cuite. Quant à l'urnule entière (planche ɪɪ, fig. 14) dont la hauteur est de huit décimètres, elle est en terre rouge assez fine, mais cuite seulement au soleil; sa forme est exactement celle des urnules égyptiennes qu'on retrouve à chaque instant sur les tableaux hiéroglyphiques entre les mains des initiés qui l'offrent remplie d'eau lustrale *(eau du débordement, symbole de la vie pure)* à quelque divinité protectrice. Cette même urnule, symbole de la *vie,* se trouve encore dans un plateau de la *balance de justice* du côté où se tient le *génie de la lumière* (homme à tête d'épervier), sur les murailles de la salle dorée où est figuré *le jugement dernier.*

   Nous croyons ne pas devoir terminer cette Notice sans dire un mot sur la manière dont les Celtes durent s'y prendre pour élever le *Dolmen*.

De la Construction du *Dolmen*.

Les *peulvens* qui soutiennent la *grande table* ont environ un mètre cinquante centimètres de hauteur au-dessus du sol; ceux qui soutiennent la *petite table* sont un peu moins élevés. La partie enterrée des *peulvens* égale tout au plus le tiers de leur hauteur; ils reposent sur un sable compacte et aucune précaution n'a été prise pour consolider l'édifice en lui donnant un fondement, cependant après tant de siècles il ne paraît pas avoir chancelé. Les *peulvens* une fois plantés, les Celtes durent y transporter des terres et former un monticule en pente douce de la hauteur des *peulvens*, sur lesquels on traîna les *tables*, puis ensuite on déblaya les terres, et l'édifice fut construit. Supposer autre chose que le plan incliné pour élever sur leurs piliers les tables du *Dolmen* ce serait vouloir que les Celtes à l'état sauvage aient eu des moyens aussi puissants que les nôtres en mécanique, ce que nous ne pouvons pas raisonnablement supposer.

Qu'il me soit permis en finissant d'exprimer ici à M. Roy, propriétaire du Dolmen de Montguyon, toute ma reconnaissance; non-seulement il m'a autorisé à explorer les tombes de son Dolmen, mais encore il m'a prouvé que franche et noble hospitalité des Celtes se conserve dans la Saintonge comme les monuments.

FIN.

PLANCHE . 1.

Dolmen de Montguyon

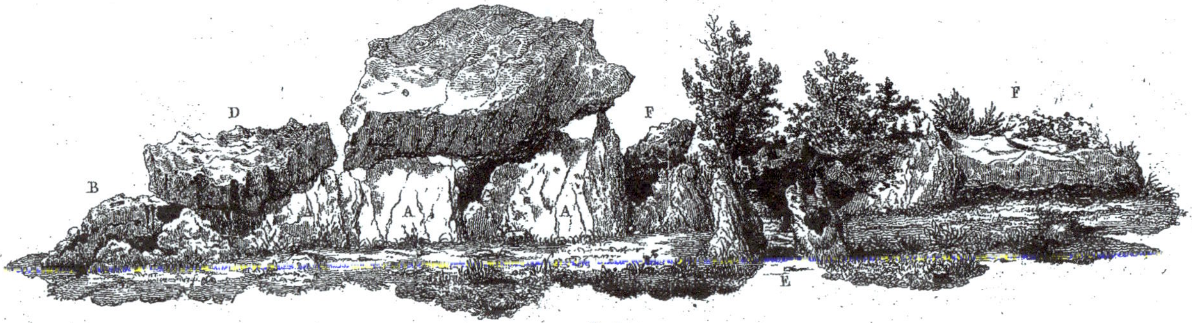

Fig. 1.

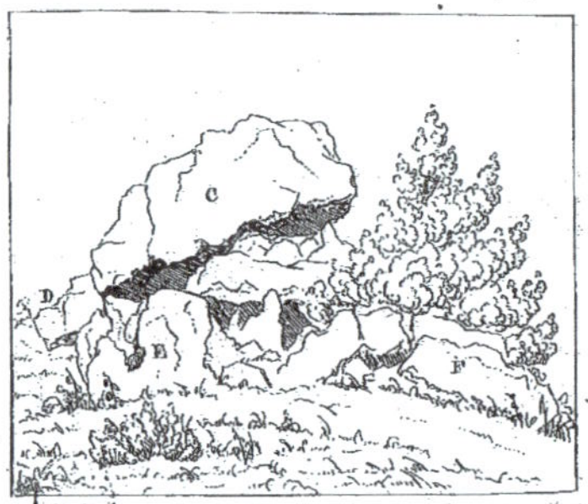

Fig. 4.

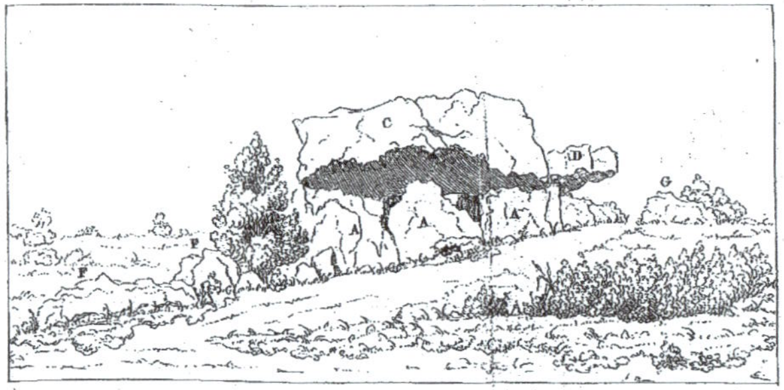

Fig. 2.

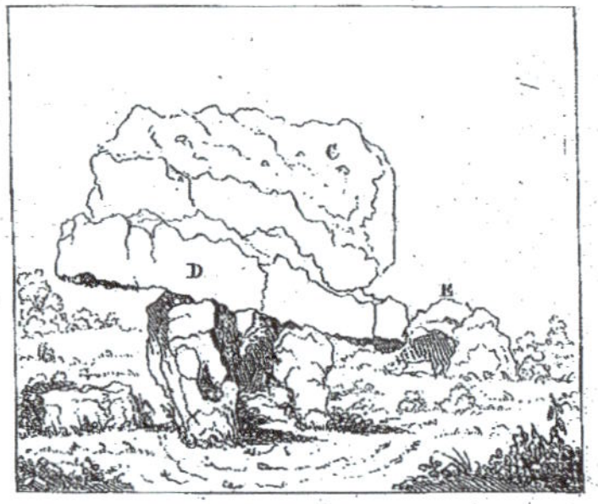

Fig. 3.

Dessiné et Gravé par Lauvray Laborde, Bordeaux.

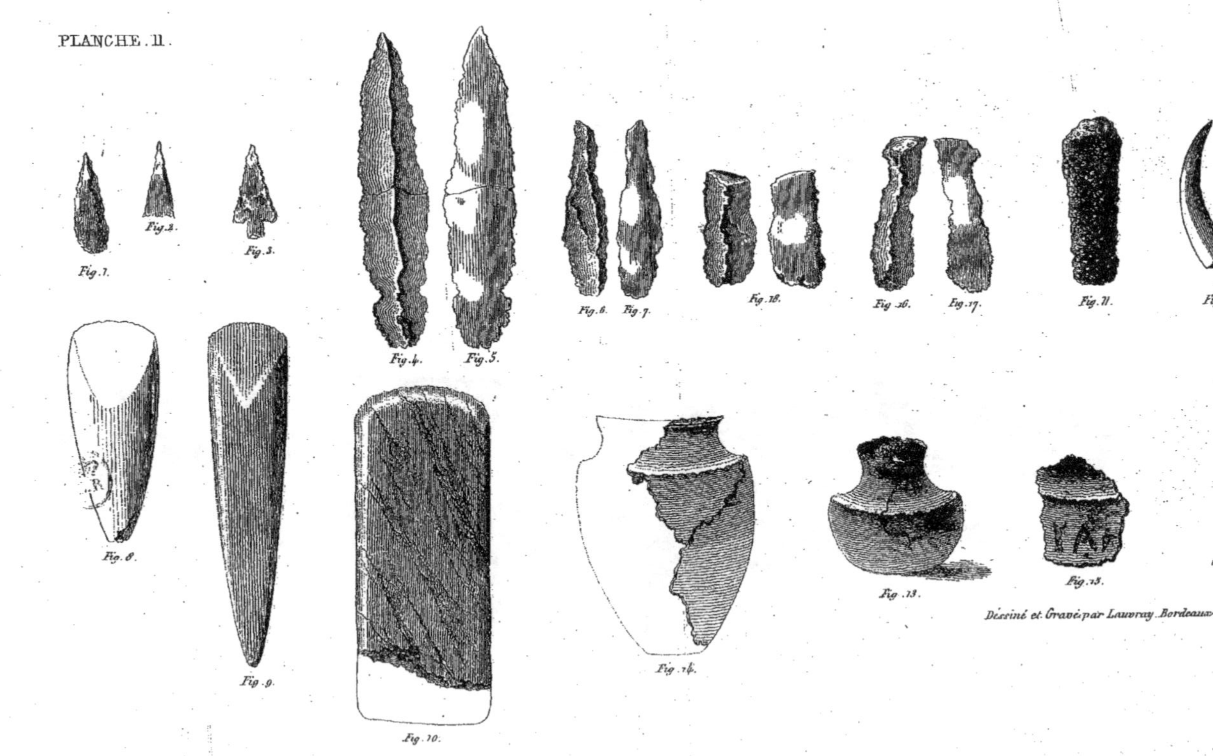

PLANCHE. II.
Fig. 1.
Fig. 2.
Fig. 3.
Fig. 4.
Fig. 5.
Fig. 6.
Fig. 7.
Fig. 18.
Fig. 16.
Fig. 17.
Fig. 11.
Fig. 12.
Fig. 8.
Fig. 9.
Fig. 10.
Fig. 14.
Fig. 13.
Fig. 15.
Dessiné et Gravé par Lauvray, Bordeaux.

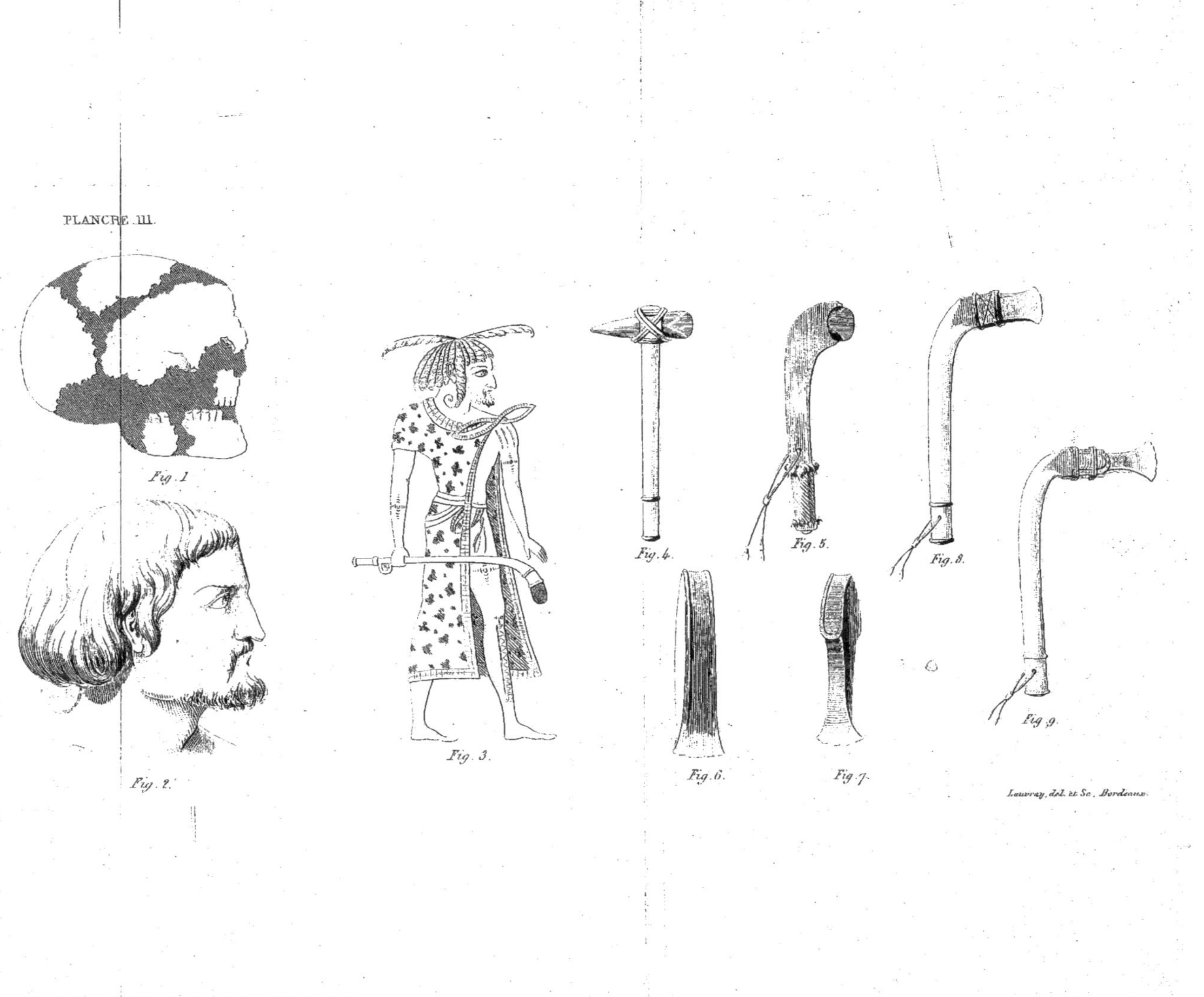

PLANCHE III.
Fig. 1
Fig. 2
Fig. 3
Fig. 4
Fig. 5
Fig. 6
Fig. 7
Fig. 8
Fig. 9
Lauvray, del. et Sc. Bordeaux